El libro del reto a los padres
Por Ernesto Mejia
Asistido por Matthew Mejia
Traducido por Jose Arturo Mejia

ISBN-13: 9780692762035

TABLA DE CONTENIDO

OBJETIVO

Proveer a los padres con un guía para mejorar las relaciones con sus hijos aprendiendo mas de ellos y aprendiendo cómo conectar mejor con ellos.

Aprender a hablar – pg.5

Ahorrando para la universidad – pg.14

Conectar de nuevo usando cartas – pg.18

1.
¿QUE TAN BIEN CONOCE A SU PROPIO HIJO?

Para comenzar, tome esta prueba de diez preguntas para ver qué tan bien conoce a su hijo. Complete las preguntas para cada uno de sus hijos.

1. *¿Cuál es el color favorito de su hijo?*

    -

2. *¿Quién es el mejor amigo de su hijo?*

    -

3. *Aparte de usted, ¿quién tiene la mayor influencia en la vida de su hijo?*

    -

4. *¿Qué le encanta mas a su hijo de usted como su padre?*

    -

5. *¿Cuáles son las clases escolares favoritas de su hijo?*

    -

6. *¿Qué aspira ser su hijo cuando sea grande?*

    -

7. *¿Cuál es el nombre de usuario para cada de las siguientes plataformas de medio social de su hijo?*
    Facebook: -
    Twitter: -
    Instagram: -
    Snapchat: -
    WhatsApp: -
    Correo Electrónico: - - - - - - - - - - - - - - - - -

8. *Si su hijo le pidiera tan sólo una cosa de usted, ¿qué sería?*

    -

9. *Si le dijera a su hijo que tienen $1,000.00 extras, ¿qué sugeriría(n) que hicieran con ese dinero?*

    -

10. *¿Qué es lo que le gusta a su hijo de la escuela?*

    -

2.
PASANDO EL TIEMPO CON NUESTROS HIJOS

Una de las cosas mas importantes que puede hacer uno como padre es pasar tiempo con sus hijos. Esto es importante en particular durante los años mas formativos de los primeros años de vida de cada hijo. Al darle el tiempo a sus hijos, les está indicando que ellos son importantes en su vida y que usted reconoce que ellos se merecen su amor y su atención.

Y recuerde que la calidad es mas importante que la cantidad. Busque maneras de participar con su hijo haciendo preguntas y compartiendo historias el uno con el otro.

He aquí unos ejemplos de modos positivos de pasar tiempo con su hijo:

1.   *Cocinar/Comer juntos*
2.   *Hacer viajes como familia*
3.   *Jugar los juegos de ellos*
4.   *Hacer citas de uno por uno (salir a comer, ir al cine, etc.)*
5.   *Asistir a sus partidos/prácticas/recitales/actividades*
6.   *Noche de juegos con la familia*
7.   *Noche de películas con la familia*
8.   *Visitar/Comer en un parque*
9.   *Juntas religiosas*
10. *Biblioteca/Librería*

Hay que tener en mente: **estar disponible cuando su hijo lo necesite.**

De Lifehack: Modos de pasar tiempo con los hijos cuando no hay tiempo

1.   *Tiempo de uno a uno:* **Tiempo solo con su hijo es mejor cuando están haciendo algo que ambos disfrutan. Escribir la fecha de la próxima cita es una gran idea y muestra a sus hijos que este tiempo es una prioridad para los padres.**
2.   *Integrar tiempo juntos a su horario diario:* **A los hijos les encanta ayudar. Invítelos a ayudar con los quehaceres como cocinar y poner la mesa para la cena.**
3.   *Tiempo Fantasma:* **Así que no tiene tiempo hasta las 3 de la mañana. Aún así es posible dejar saber a los hijos que los quiere uno. Escriba una notita y póngala en su mochila o debajo de la almohada.**
4.   *Tiempo de descanso:* **Hay que "crear un descanso" para que usted y sus hijos puedan pasar unos quince minutos o una media hora juntos. Si es necesario, pongan una alarma para saber cuando comienza y termina el descanso.**

Una buena manera de asegurarse que el tiempo que se pasa con su hijo es beneficioso es preguntarle que le gusta hacer. Su trabajo como padre es entrevistar a cada uno de sus hijos para aprender como les gusta pasar su tiempo y después hay que poner esas actividades en el calendario.

Preguntas para la entrevista:

1. ¿Cuál es tu actividad favorita afuera de la escuela?

2. ¿Cuál es tu juego favorito?

3. ¿Cuál es tu libro/película/programa de televisión favorito?

4. ¿Cuál es tu memoria favorita de nuestra familia juntos?

5. ¿Cuál es tu comida favorita que preparamos y comemos en casa?

6. Si hiciéramos una actividad familiar semanal, ¿qué te gustaría hacer?
   Ejemplos: juegos de mesa, películas, ir al parque, ir a un museo

7. ¿Cuál es tu lugar favorito al cual has viajado?

8. ¿Cuál es tu restaurante favorito?

9. ¿Qué cosa siempre has querido hacer pero nunca la has hecho?

3.
ESTILOS DE COMUNICACIÓN:
Positivos versus Degradantes

Pasando tiempo de buena calidad con su hijo es tan sólo parte de la solución; la otra parte es comunicación eficaz y positiva. Esto incluye conversaciones diarias como, "¿Qué tal te fue en la escuela hoy?" Pero también incluye conversaciones mas difíciles que surgen cuando hay malas notas o cuando hay una suspensión escolar a causa de una pelea. En estos momentos, debemos permanecer positivos recordar que nunca debemos degradar a nuestros hijos.

Ejemplos de reacciones de padres a escenas difíciles entre padre e hijo:

1. Su hijo no está haciendo la tarea.
    Reacción negativa: Gritarle y llamarle estúpido por no hacer la tarea; pegarle; ignorarlo.
    Reacción positiva: Decirle que cree en él; preguntarle por qué no ha hecho la tarea para poder quitarle las barreras que le impiden su éxito; crear una recompensa por terminar la tarea y verificar que en realidad la ha completada.

2. *Su hijo no está asistiendo a sus clases.*
    Reacción negativa:
    -
    Reacción positiva:
    -

3. *Su hijo está causando peleas con otros estudiantes y con sus hermanos en casa.*
    Reacción negativa:
    -
    Reacción positiva:
    -

"Esté dispuesto a perdonar"

Constructores de Comunicación

1. Me gustaría oír mas sobre eso
2. Dime mas de eso.
3. Estoy escuchando
4. Ya entiendo.
5. ¿Qué piensas tú de...?
6. ¿Quieres hablar?
7. ¿Hay algo mas que quieres discutir?
8. Eso es (muy) interesante.
9. Estoy interesado. Eso me interesa.
10. Explícame eso.

Formas de comunicarse positivamente con niños (de education.com):

1. Comience comunicándose eficazmente cuando aún son pequeños
2. Comuníquese al nivel de ellos
3. Para aprenda a escuchar activamente
    a. *Haga y mantenga contacto visual*
    b. *Elimine distracciones*
    c. *Escuche con la boca cerrada*
    d. *Deje saber a su hijo que lo ha escuchado y repita lo que ellos le han dicho a usted*
4. Mantenga la conversación breve
5. Haga preguntas adecuadas
6. Exprese sus propios sentimientos e ideas al comunicarse con ellos
7. Habitualmente ponga en el horario citas de familia o tiempo dedicado a hablar
8. Admita cuando no sepa algo
9. Intente hacer sus explicaciones en forma completa

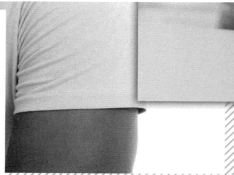

"Admita cuando no sepa algo"

Comunicándose durante un conflicto

1. Solucione los problemas uno por uno
2. Busque soluciones creativas para resolver el problema
3. Sea cortés
4. Use mensajes de "yo"
5. Esté dispuesto a perdonar

Ejemplos de comunicación negativa que los padres deben de evitar

1. El ser demasiado persistente o regañando mucho
2. Interrumpir
3. Criticar
4. Mencionar siempre el pasado
5. Controlar a base de hacer sentirse obligado o culpable
6. Usar sarcasmo
7. Decirles a sus hijos cómo solucionar su problema
8. Hacerlos sentir menospreciados
9. Usar amenazas
10. Mentir
11. Negar los sentimientos de sus hijos

"Hay que solucionar un problema a la vez"

Actividad Parte 1

Usted y su hijo responderán a una serie de preguntas usando el siguiente formato y un "objeto para hablar" (como un animal de peluche):

1. *La persona que tenga "el objeto" es la única persona que puede hablar. La otra tiene que escuchar.*
2. *El padre tiene el objeto primero para leer y responder a la pregunta.*
3. *El padre le da el objeto al hijo.*
4. *El hijo repite lo que oyó al padre decir como respuesta.*
5. *El hijo responde y agrega a lo que dijo el padre.*
6. *Se repite esto para cada pregunta.*

Preguntas:

1. *¿Qué crees que es una persona responsable?*

   -

2. *¿Por qué crees que es importante tratar a otros con respeto?*

   -

3. *¿Cómo definirías tú lo que es ser un estudiante exitoso?*

   -

4. *¿Quién tiene la responsabilidad de mantener una comunicación positiva entre el padre e hijo?*

   -

5. *Di una cosa que harás para mejorar la comunicación con tu padre/hijo.*

Actividad Parte 2

En parte 2, ambos el padre y el hijo practicarán comunicación directa usando lenguaje respetuoso y honesto para darse consejos.

Hijo: En las lineas de abajo, escribe una carta a tus padres explicandoles lo qué ellos pueden hacer en forma diferente para ayudarte y apoyarte más.

Ejemplos:

- *Seria bueno si ustedes _____ mas/menos porque...*
- *Me ayuda tanto cuando ustedes _____.*
- *Me siento alentado cuando ustedes _____.*

Padre: En las líneas de abajo, escribe una carta a tu hijo explicándole lo qué el puede hacer en forma diferente para tener mejor éxito.

Ejemplos:

- *Te beneficiarías mucho de/con _____.*
- *Si tú hicieras _____ mas/menos, tu camino al éxito sería mucho mas fácil.*
- *Para ser exitoso en tu vida, deberías siempre _____.*

4.
MOTIVANDO A NUESTROS HIJOS

Como padre, usted tiene experiencia de vida y habilidad que sólo los años nos da. Usted sabe lo que su hijo necesita para tener éxito. Usted sabe que su hijo debe centrarse y trabajar duro en la escuela. Su hijo tiene que llenar solicitudes para universidades y para becas.

Su hijo necesita tener mucha confianza y mucho respeto en sí mismo. Pero la pregunta persiste: ¿Cómo podemos convertirnos en su motivador y no su crítico? Un buen comienza sería una evaluación de su conexión como motivador tal como existe ahora mismo.

Actividad Parte 1

Pida a su hijo que indique un numero del 1-5 para clasificarlo a usted en una escala de Crítico a Motivador. Después, pídale que conteste las preguntas que siguen.

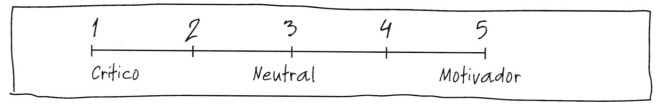

1. *¿Por qué clasificaste a tu padre tal como lo hiciste?*

   -
   -

2. *Describe una ocasión específica cuando tu padre te criticó pero no te motivó.*

   -
   -
   -

3. *Dado quien eres y tu personalidad, ¿cómo te pueden motivar mejor tus padres?*

   -
   -
   -

Actividad Parte 2

Lea las preguntas a su hijo, una por una. Permítale leer y explicar sus respuestas después de leer cada pregunta. Después de escuchar cada respuesta, discutan y responda de su propio punto de vista, en una forma calmada y respetuosa.

5.
CRIANDO PENSADORES INDEPENDIENTES

En el lugar de trabajo de hoy, pensadores independientes son los empleados mas cotizados y líderes. Una buena señal de un pensador independiente es la habilidad de resolver los problemas de uno mismo. En un artículo del 2013, Forbes anotó que "La habilidad de hacer decisiones y resolver problemas" era el segundo talento mas importante que buscan los empleadores ('habilidad de trabajar en grupos' siendo primero). La razón es simple: un pensador independiente no necesita a alguien que lo tome de la mano y que hagan cada decisión, por tan pequeña que sea, por él.

Para asegurarse que está criando un pensador independiente, education.com hizo una lista de cuatro áreas de enfoque para que cada padre ayude a su hijo:

1. *Hablar: Anime a su hijo a hablar en forma descriptiva.*
2. *Escuchar: Acople la destreza de escuchar de su hijo y enséñele como prestar atención a lo que otros dicen antes de compartir lo que tiene que decir él.*
3. *Pensar: Anime a su hijo a resolver sus propios problemas en vez de hacerlo uno por él.*
4. *Escribir: Esto puede comenzar con la práctica de contar cuentos (historias) verbalmente pero debe progresar a la forma escrita.*

Actividad

Aquí, se encuentra un simple y clásico juego para practicar cómo solucionar un problema con creatividad y promover el pensamiento creativo.

El problema:

Dibuje cuatro líneas rectas que pasen por cada punto sin retractar la linea y sin levantar el lápiz del papel. Intente varios métodos en los cuadros de abajo. Mire la siguiente página para ver posibles soluciones.

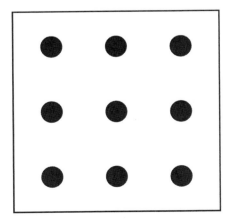
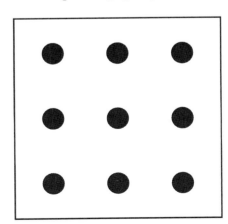
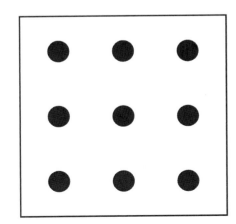

La clave a la solución, claro está, es que los límites imaginarios formados por los puntos no se observen. Y a libre de esta restricción, se hallará la solución fácilmente, como se muestra aquí.

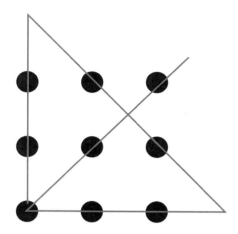

Investigadores en la Universidad de Stanford han alcanzado una solución aun mas interesante. Un sujeto se dio cuenta que no era necesario dibujar cuatro líneas por el centro de los puntos; el problema se puede solucionar con sólo tres líneas.

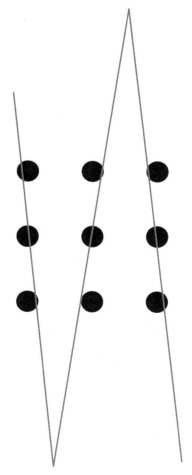

6.
COMUNICANDOSE CON FUNCIONARIOS DE LA ESCUELA

Como el padre, usted es el defensor mas importante en la vida de su hijo. Esto es particularmente cierto en cuanto a su educación. Para apoderarse como el defensor de su hijo, usted necesita cómo comunicarse con varios funcionarios escolares. Mientras que todo funcionario escolar debería siempre estar listo para hablar y trabajar con usted para rectificar sus preocupaciones, usted debería estar en contacto con diferentes personas por diferentes motivos. He aquí algunos ejemplos:

- *Maestros:* **Contáctelos por cualquier asunto que ocurra dentro del salón de clase.**
- *Consejeros:* **Contáctelos por cuestiones sociales o emocionales, así como cualquier cosa relacionada a clases o solicitudes a la universidad.**
- *Decano o Vice-Director:* **Contáctelo por cualquier motivo que requiera acción disciplinaria.**
- *Director:* **Contáctelo cuando los otros líderes escolares no puedan cumplir satisfactoriamente con sus necesidades.**

Maneras de Involucrarse

Hay varias buenas maneras de involucrarse en la educación de su hijo. Una de ellas es tomar parte en la Asociación de Padres-Maestros (PTA -por sus siglas en inglés), la cual es una forma efectiva para que los padres se organicen y se comuniquen con maestros y líderes en la escuela. Adicionalmente, también puede...

- *Ser voluntario en el salón de clase;*
- *Acompañar a una clase a un viaje escolar;*
- *Ayudar con la construcción o los trajes de una obra de teatro;*
- *Ser el encargado de un club escolar;*
- *Ser el entrenador o asistente de un equipo deportivo;*
- *Ayudar con las decoraciones para bailes o eventos.*

Todas estas actividades no sólo son formas de tomar un rol activo en la experiencia educacional de su estudiante, sino que también sirven como maneras de construir relaciones con otros padres y líderes en la escuela de su hijo. Cuando otros padres/líderes lo vean a usted ahí, ellos sabrán quien es su hijo, y estarán mas dispuestos a invertir su tiempo en él. Así mismo, estas relaciones le servirán a usted y a su hijo cuando llegue la hora de pedir algo como una carta de recomendación o un empleo de verano o de interno.

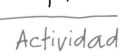

Actividad

Pregúntele a su hijo en qué actividades piensa participar este año y después, decida en por lo menos tres maneras en que usted apoyará activamente a su hijo en su experiencia académica.

1. _____
2. _____
3. _____

7.
AHORRANDO PARA/ PAGANDO POR LA UNIVERSIDAD

Para la mayoría de los padres, este es el aspecto mas desalentador en mandar a un hijo al a universidad. Es común pensar, "Sí, la universidad suena bien, pero, ¿cómo diablos le vamos a hacer para pagar todo eso?" Ojalá que después de esta sesión, usted se sentirá mejor preparado y enpoderado para mandar a su hijo a la escuela de su gusto.

Lo importante es comenzar los planes y los ahorros temprano, con tiempo. Usted necesita saber sus opciones y planear según esos planes. También debe darse cuenta que la universidad es una opción realista y que, aunque típicamente vale la pena la deuda de los préstamos estudiantiles, tal vez no sean necesarios si usted tiene un plan adecuado de antemano.

Abajo, los siguientes ariculos son explicados:

A.   *529 College Savings Plan (Plan de ahorros universitarios)*
B.   *El FAFSA (Solicitud para el FAFSA)*
C.   *Tipos de Préstamos Estudiantiles*
D.   *La Beca HACER*

A.   529 College Savings Plan (Plan de ahorros universitarios)

No importa si usted es un padre nuevo, el abuelo o el futuro estudiante, el plan 529 puede ayudar a ahorrar efectivamente para la universidad. Igual a una cuenta de jubilación, estos vehículos de inversiones combinan el poder de interés compuesto con los beneficios de las leyes federales de impuestos, creando la posibilidad de gran crecimiento con el transcurso del tiempo. Y puesto con son administrados por el estado, tal vez haya beneficios adicionales de impuestos estatales para uno. Familias de todos niveles económicos pueden recibir los beneficios del plan 529, los cuales no tienen limites máximos anuales y una contribución mínima de sólo $25.

Para una introducción al plan 529 en forma de video, visite ***www.coolspeak.net/resources/parent-resources***. Para información detallada sobre el plan 529, inclusive una comparación de beneficios de estado por estado, qué se puede considerar un "gasto calificado," e instrucciones de inscripción, visite ***www.coolspeak.net/resources/parent-resources***.

B.   El FAFSA (Solicitud para el FAFSA)

¿Qué es FAFSA? (Ayuda Federal para Estudiantes)

De la página "sobre el FAFSA":
La Ayuda Federal Estudiantil (FSA -por sus siglas en inglés), parte del Departamento de Educación de los Estados Unidos, es el proveedor mas grande de ayuda financiera estudiantil en el país. La oficina de FSA provee becas, préstamos y fondos para trabajo estudiantil (work-study) para las universidades y escuelas profesionales. Ofrecen mas de $150B (150 Billones de dólares) cada año para ayudar a millones de estudiantes a pagar por su educación universitaria/profesional.

¿Dónde completo la solicitud FAFSA?

La solicitud se puede completar por internet en ***fafsa.ed.gov***. Está disponible en inglés y en español. Visite ***www.coolspeak.net/resources/parent-resources*** para obtener detalles sobre los plazos.

¿Qué necesito para completar mi FAFSA?

1. Número de Seguro Social (si aplica)
2. Tarjeta de Residente Permanente (si aplica)
3. Los documentos de W-2 u otros documentos de ingresos del año anterior
4. Documentos de impuestos

¿Qué recursos me pueden ayudar con el proceso de FAFSA y con encontrar el préstamo adecuado para mí?

En cualquier punto durante el proceso de solicitud, usted puede hacer click en el botón de "ayuda" (help) para asistencia y para que lo ayude un agente de FSA en vivo en forma de "chat" en línea. Adicionalmente, el canal de "FederalStudentAid" en YouTube tiene videos educativos para el proceso de solicitud y de pagos. En www.YouTube.com, busque "FederalStudentAid" para encontrar el canal con estos temas:

- Prepararse para la universidad
- Quién recibe ayuda
- Pagar los préstamos

- FAFSA: Solicitar Ayuda (Aid)
- Tipos de ayuda

Para información detallada sobre los diferentes tipos de préstamos federales disponibles, visite **www.coolspeak.net/resources/parent-resources**.

C.   Tipos de Prestamos Estudiantiles

¿Cuál es la diferencia entre préstamos estudiantiles federales y privados?

Hay dos diferencias principales entre préstamos federales y privados::
- *Taza de Interés:* **Los préstamos federales estudiantiles suelen tener intereses mas bajos y mas estables que los privados.**
- *Opciones de Pago:* **Los préstamos federales estudiantiles suelen tener opciones de pago mas flexibles que los privados.**

¿Qué tipo de préstamo es mejor?

Las tazas mas bajas y mayor flexibilidad y opciones de pagos hacen que los préstamos estudiantiles federales sean mas codiciados. Sin embargo, no todos califican para los préstamos estudiantiles federales y éstos no siempre cubren el costo completo de la matrícula, alojamiento y comida, etc. A causa de esto, familias frecuentemente combinan los préstamos estudiantiles federales y los privados. Al hacerlo asi, hay que tener en mente estas diferencias cuando esté intercalando con los prestamistas.

Ayude a su hijo a completar el guía de aquí abajo para comenzar a formular un plan para ingresar a la universidad.

1.   *¿En que áreas de estudio estás mas interesado?*

2.   *¿Qué universidades (o tipo de instituto) te parecen mejor para lo que quieres estudiar?*

3.   *¿Cómo piensas ahorrar y/o pagar por tus estudios?*

4.   *Haz una lista de actividades extraescolares que podrías hacer con tus padres.*

5.   *Haz una lista de universidades que t gustaría visitar con la familia.*

¿Qué cosas de ir a la universidad te intimidan?

- -

- -

- -

¿Cómo les ayudarás tú a tus padres después de graduarte de la universidad ya que estés ganando dinero?

- -

- -

- -

8.
NUESTRO LIBRO

Una manera de comunicarse muy potente entre padre e hijo es escribirse el uno al otro. Y no estamos hablando de mensajes de texto o correos electrónicos. Estamos hablando de comunicarse a la antigua, con notas y cartas escritas a mano. Las palabras alentadoras de un padre son siempre bienvenidas y apreciadas por un hijo.

Pero una nota escrita a mano le trae esas palabras al mundo físico y les da una vida mas allá del momento en que se dicen. Una carta de parte de mamá se puede leer una y otra vez para dar fuerza y ánimo durante un tiempo difícil. Así mismo, una notita manuscrita puede tocar el corazón del padre que añora a la hija que está lejos, en la universidad.

Actividad

Para practicar el escribir uno al otro, usen el espacio de abajo para responder a la sugerencia dada. Después, lean y comparen sus respuestas juntos.

Nuestra visión del futuro: Escribe una carta a tu papá o mamá describiendo cómo será la vida después de que te gradúes de la universidad y que encuentres una buena carrera profesional.

Nuestra visión del futuro: Escriba una carta a su hijo o hija describiendo cómo será la vida después de que se gradúe de la universidad y que encuentre una buena carrera profesional.

9.
LA IMPORTANCIA DE ESTRUCTURA
— *Nosotros somos sus primeros maestros*

Como padres de familia, ustedes son el primer y mejor ejemplo para sus hijos. Ellos aprenderán de ustedes sus primeros hábitos y los que mas perdurarán, así que necesitan ser buenos ejemplos para ellos. Todos los padres quieren que sus hijos tengan un futuro brillante, pero para eso,es necesario enseñarles como portarse bien, como reaccionar y como comunicarse. Es necesario que ustedes, los padres, les enseñen estos hábitos para el éxito.

Actividad Parte 1

Haga una lista de los 5 hábitos mas importantes que usted piensa su hijo necesita para ser exitoso en la escuela y en la vida.

1. _____
2. _____
3. _____
4. _____
5. _____

Actividad Parte 2

Para cada uno de los hábitos que usted escribió, describa una forma en que usted modela eso de buena forma para su hijo y una forma en que usted podría mejorar. Ejemplos pueden ser el ver a los padres leyendo, haciendo ejercicio, comiendo en la mesa, NO ver la televisión, NO usar el teléfono móvil/celular.

1. *Buen ejemplo:* _____
   1 Cosa para mejorar: _____
2. *Buen ejemplo:* _____
   1 Cosa para mejorar: _____
3. *Buen ejemplo:* _____
   1 Cosa para mejorar: _____
4. *Buen ejemplo:* _____
   1 Cosa para mejorar: _____
5. *Buen ejemplo:* _____
   1 Cosa para mejorar: _____

Otra manera para fomentar buenos hábitos es el crear estructura por medio de reglas y horarios. En seguida hay consejos y enlaces a recursos para crear reglas y construir estructura basado en el horario diario, laureolas de la familia y los quehaceres cotidianos.

Crear Estructura Y Reglas

Claves Para Crear Estructura

1. *Consistencia, previsibilidad y cumplimiento son importantes en la creación de estructura en casa.*
2. *Responda al comportamiento de su hijo de igual forma siempre. Cuando usted sea consistente, el comportamiento deseado será observable mas seguido y problemas de comportamiento serán menos probables.*
3. *Rutinas y horarios diarios ayudan a ambos los hijos y los padres. Ambos saben que va a suceder a diario. Las rutinas también pueden mejorar el comportamiento de los hijos y la relación entre padres e hijos.*
4. *Una regla de la familia es siempre una declaración clara sobre los comportamientos que no son aceptables jamás, tal como correr en la casa o pelear. Usted puede cambiar la conducta de su hijo cuando hay consecuencias claras por la violación de una regla.*
5. *¡Mantenga un aspecto positivo! Elogie y premie a su hijo por seguir las reglas y rutinas cotidianas. Esto incrementará el hecho de que sus hijos continuarán con la rutina y las reglas.*

Horarios Diarios

Hay que crear un horario diario que sea adecuado para las necesidades de la familia. Piense sobre las actividades en las cuales quiere que participe su hijo. Ponga estas actividades en el orden en que van a ocurrir. Intenten de mantener este horario en forma similar día a día.

Descarga tu plantilla gratuita aquí > *www.coolspeak.net/resources/parent-resources*

Reglas de Familia

Una regla para la familia es una declaración específica y clara sobre lo que se espera. Es importante hacer una lista de los valores fundamentales de la familia para que la familia tenga un entendimiento claro de lo que es aceptable y lo que no es aceptable.

Descarga tu plantilla gratuita aquí > *www.coolspeak.net/resources/parent-resources*

Mi Tabla de Quehaceres

El dejarle saber a su hijo qué es lo que espera de él es importante para mantener una relación de padre e hijo positiva. En esta tabla de quehaceres, haga una lista de las expectativas diarias de como contribuirá su hijo a estos quehaceres del hogar. Recuerde mantener sus expectativas adecuadas según la edad de su hijo.

Descarga tu plantilla gratuita aquí > *www.coolspeak.net/resources/parent-resources*

10.
EL RETO DEL HABITO DE LOS PADRES

Al concluir este libro de ejercicios, ahora le toca a usted el reto. Basado en lo que usted ha aprendido hoy, ¿qué cambiará en su vida para ser un padre o una madre mejor y preparar a su hijo o hija para el éxito?

En las siguientes páginas encontrarán copias de una calendario de 28 días para el Reto de los Hábitos de los Padres. Cada copia tiene espacio para identificar hasta tres hábitos que usted desea cambiar en el curso de las siguientes cuatro semanas. En las líneas de cada día, puede escribir apuntes sobre si fue un día exitoso o si hubo algún problema completando la promesa de mejorar. Incluimos copias múltiples por si tiene varios hijos. Le recomendamos usar un calendario para cada hijo.

Si necesita ayuda con la decisión sobre cuáles hábitos escoger para su meta, vuelva a repasar lo que usted escribió Parte 2 de la actividad de la previa sección. Eso ayudará a guiarlo en la dirección en que debe concentrarse con sus esfuerzos para mejorar como padre de familia.

EL RETO DEL HABITO
DE LOS PADRES

Fecha de Comenzar _____ **Terminar:** _____ **Objectivo 1:** _____ **Objectivo 2:** _____ **Objectivo 3:** _____

☐☐☐ Día 1	☐☐☐ Día 2	☐☐☐ Día 3	☐☐☐ Día 4	☐☐☐ Día 5	☐☐☐ Día 6	☐☐☐ Día 7
Notas:	Notas:	Notas:	Notas:	Notas:	Notas:	Notas:
☐☐☐ Día 8	☐☐☐ Día 9	☐☐☐ Día 10	☐☐☐ Día 11	☐☐☐ Día 12	☐☐☐ Día 13	☐☐☐ Día 14
Notas:	Notas:	Notas:	Notas:	Notas:	Notas:	Notas:
☐☐☐ Día 15	☐☐☐ Día 16	☐☐☐ Día 17	☐☐☐ Día 18	☐☐☐ Día 19	☐☐☐ Día 20	☐☐☐ Día 21
Notas:	Notas:	Notas:	Notas:	Notas:	Notas:	Notas:
☐☐☐ Día 22	☐☐☐ Día 23	☐☐☐ Día 24	☐☐☐ Día 25	☐☐☐ Día 26	☐☐☐ Día 27	☐☐☐ Día 28
Notas:	Notas:	Notas:	Notas:	Notas:	Notas:	Notas:

EL RETO DEL HABITO
DE LOS PADRES

Fecha de Comenzar   **Terminar:**   **Objectivo 1:**   **Objectivo 2:**   **Objectivo 3:**

☐☐ Dia 1	☐☐☐ Dia 2	☐☐☐ Dia 3	☐☐☐ Dia 4	☐☐☐ Dia 5	☐☐☐ Dia 6	☐☐☐ Dia 7
Notas:	Notas:	Notas:	Notas:	Notas:	Notas:	Notas:
☐☐ Dia 8	☐☐☐ Dia 9	☐☐☐ Dia 10	☐☐☐ Dia 11	☐☐☐ Dia 12	☐☐☐ Dia 13	☐☐☐ Dia 14
Notas:	Notas:	Notas:	Notas:	Notas:	Notas:	Notas:
☐☐ Dia 15	☐☐☐ Dia 16	☐☐☐ Dia 17	☐☐☐ Dia 18	☐☐☐ Dia 19	☐☐☐ Dia 20	☐☐☐ Dia 21
Notas:	Notas:	Notas:	Notas:	Notas:	Notas:	Notas:
☐☐ Dia 22	☐☐☐ Dia 23	☐☐☐ Dia 24	☐☐☐ Dia 25	☐☐☐ Dia 26	☐☐☐ Dia 27	☐☐☐ Dia 28
Notas:	Notas:	Notas:	Notas:	Notas:	Notas:	Notas:

EL RETO DEL HABITO
DE LOS PADRES

Fecha de Comenzar: _____ **Terminar:** _____ **Objectivo 1:** _____ **Objectivo 2:** _____ **Objectivo 3:** _____

☐☐☐ Día 1 Notas:	☐☐☐ Día 2 Notas:	☐☐☐ Día 3 Notas:	☐☐☐ Día 4 Notas:	☐☐☐ Día 5 Notas:	☐☐☐ Día 6 Notas:	☐☐☐ Día 7 Notas:
☐☐☐ Día 8 Notas:	☐☐☐ Día 9 Notas:	☐☐☐ Día 10 Notas:	☐☐☐ Día 11 Notas:	☐☐☐ Día 12 Notas:	☐☐☐ Día 13 Notas:	☐☐☐ Día 14 Notas:
☐☐☐ Día 15 Notas:	☐☐☐ Día 16 Notas:	☐☐☐ Día 17 Notas:	☐☐☐ Día 18 Notas:	☐☐☐ Día 19 Notas:	☐☐☐ Día 20 Notas:	☐☐☐ Día 21 Notas:
☐☐☐ Día 22 Notas:	☐☐☐ Día 23 Notas:	☐☐☐ Día 24 Notas:	☐☐☐ Día 25 Notas:	☐☐☐ Día 26 Notas:	☐☐☐ Día 27 Notas:	☐☐☐ Día 28 Notas:

EL RETO DEL HABITO
DE LOS PADRES

Fecha de Comenzar – – – **Terminar:** – – – **Objectivo 1:** – – – **Objectivo 2:** – – – **Objectivo 3:** – – –

☐☐☐ Dia 1 Notas:	☐☐☐ Dia 2 Notas:	☐☐☐ Dia 3 Notas:	☐☐☐ Dia 4 Notas:
☐☐☐ Dia 8 Notas:	☐☐☐ Dia 9 Notas:	☐☐☐ Dia 10 Notas:	☐☐☐ Dia 11 Notas:
☐☐☐ Dia 15 Notas:	☐☐☐ Dia 16 Notas:	☐☐☐ Dia 17 Notas:	☐☐☐ Dia 18 Notas:
☐☐☐ Dia 22 Notas:	☐☐☐ Dia 23 Notas:	☐☐☐ Dia 24 Notas:	☐☐☐ Dia 25 Notas:

☐☐☐ Dia 5 Notas:	☐☐☐ Dia 6 Notas:	☐☐☐ Dia 7 Notas:
☐☐☐ Dia 12 Notas:	☐☐☐ Dia 13 Notas:	☐☐☐ Dia 14 Notas:
☐☐☐ Dia 19 Notas:	☐☐☐ Dia 20 Notas:	☐☐☐ Dia 21 Notas:
☐☐☐ Dia 26 Notas:	☐☐☐ Dia 27 Notas:	☐☐☐ Dia 28 Notas:

cool**speak**.

EL RETO DEL HABITO
DE LOS PADRES

Fecha de Comenzar _ _ _ _ **Terminar:** _ _ _ _ **Objectivo 1:** _ _ _ _ **Objectivo 2:** _ _ _ _ **Objectivo 3:** _ _ _ _

☐☐ Dia 1	☐☐ Dia 2	☐☐ Dia 3	☐☐ Dia 4	☐☐ Dia 5	☐☐ Dia 6	☐☐ Dia 7
Notas:	Notas:	Notas:	Notas:	Notas:	Notas:	Notas:
☐☐ Dia 8	☐☐ Dia 9	☐☐ Dia 10	☐☐ Dia 11	☐☐ Dia 12	☐☐ Dia 13	☐☐ Dia 14
Notas:	Notas:	Notas:	Notas:	Notas:	Notas:	Notas:
☐☐ Dia 15	☐☐ Dia 16	☐☐ Dia 17	☐☐ Dia 18	☐☐ Dia 19	☐☐ Dia 20	☐☐ Dia 21
Notas:	Notas:	Notas:	Notas:	Notas:	Notas:	Notas:
☐☐ Dia 22	☐☐ Dia 23	☐☐ Dia 24	☐☐ Dia 25	☐☐ Dia 26	☐☐ Dia 27	☐☐ Dia 28
Notas:	Notas:	Notas:	Notas:	Notas:	Notas:	Notas:

11.
PRUEBA SOBRE LA HISTORIA DE LA FAMILIA

Direcciones: Pídanle a sus hijos que tomen esta prueba y repasen sus respuestas

Para las que sí sabían, recuenten esos eventos. Para las que no, tomen la oportunidad de compartir esas historias que fortalecerán su sentido de familia e identidad, y asimismo ayudar a hacer mejores conecciones familiales con ellos.

1. ¿Dónde se concieron tus padres?
2. ¿Por qué viven tus padres donde viven?
3. ¿Cómo era para tus padres cuando ellos eran jóvenes?
4. ¿Cómo eran tus abuelos con tus padres?
5. ¿Cómo fue el día en que tú naciste? ¿Cómo era el día siguiente?
6. ¿Cómo eran tus padres cuando estaban en la high school? ¿Qué intereses o aficiones tenían?
7. ¿Cuál es la memoria favorite de tus padres sobre ti?
8. ¿De dónde son tus antepasados?
9. ¿Qué deseaban tus padres para ti cuando eras niño?
10. ¿Qué tipo de música escuchaban tus padres en high school?

Direcciones: Ahora usted y sus hijos pueden formular algunas de sus propias preguntas.

- -
- -
- -
- -
- -
- -
- -
- -

12.
LISTA DE CONTROL PARA LA PREPARACIÓN A LA UNIVERSIDAD

Grado 9 (Freshman):

- [ ] 1. Ayude a su hijo a comenzar con buenos hábitos tal como crear horarios de estudio, participar en actividades escolares, hablar mucho con maestros.
- [ ] 2. Aliente a su hijo a que tome clases difíciles, clases avanzadas o de honor.
- [ ] 3. Cree una carpeta para mantener un récord de todos los logros y reconocimientos que su hijo reciba durante su carrera de high school.
- [ ] 4. Comience a investigar, junto con su hijo, qué trayectorias de carreras puedan estar en alta demanda en 8 años.
- [ ] 5. Asegúrese que su hijo esté involucrado en un club u organización en la escuela.
- [ ] 6. Inspire a su hijo a que haga algo diferente: un club, una clase, o algún programa después de clases.
- [ ] 7. Dígale a su hijo que hable con unos Seniors sobre lo que ellos hicieron bien y algo que harían diferente/mejor.
- [ ] 8. Aliente a su hijo a ser voluntario para poder completar esas horas cuanto antes.
- [ ] 9. Aliente a su hijo a trabajar con su consejero para planear los 4 años de clases.
- [ ] 10. Haga que su hijo se escriba una carta de graduación a sí mismo con una lista de las metas que quiera realizar en los siguientes 4 años. Crédito Suplementario: Escriba una carta de graduación para su hijo con énfasis en lo orgulloso que está de él en ese día tan especial. Guarde la carta y compártala ese día.

Grado 10 (Sophomores):

- [ ] 1. Pregúntele a su hijo qué es lo que quiere hacer después de la high school.
- [ ] 2. Haga que su hijo empiece a practicar los exámenes estándar. (https://collegereadiness.collegeboard.org/sat/practice) (https://www.number2.com/)
- [ ] 3. Haga que su hijo sea voluntario o que acompañe a un adulto a su empleo para ver como es ese trabajo, o que le ayude en su trabajo. (Volunteer/Intern)
- [ ] 4. Haga que su hijo tome un examen de personalidad o una evaluación de carreras. (https://www.careeronestop.org/)
- [ ] 5. Comience una lista de universidades que le interesen a su hijo e investíguelos.
- [ ] 6. Continúe involucrando a su hijo en actividades: clubes escolares, organizaciones, ser voluntario, etc.
- [ ] 7. Empiecen a crear una lista de posibles becas.
- [ ] 8. Hagan una tabla visual sobre las pasiones del estudiante: ¿quién quiere ser y qué es lo que quiere hacer? Pónganla en un lugar en la casa donde todos puedan ver sus sueños.
- [ ] 9. Lleve a su hijo a una visita universitaria para que vea como son las cosas ahí y se empiece a acostumbrar a eso.
- [ ] 10. Busque oportunidades y programas de enrequecimiento académicos para su hijo durante el verano.

Grado 11 (Juniors):

- [ ] 1. Empiecen con preparación para que los dos últimos años sean exitosos.
- [ ] 2. Hay que registrarse para los exámenes estándar (SAT, ACT) cuanto antes.
- [ ] 3. Asegúrese que su hijo continúe siendo voluntario o acompañando a un adulto en su trabajo (de interés al estudiante).
- [ ] 4. Dígale a su hijo que hable con sus maestros sobre sus metas académicas y que les pidan su apoyo.
- [ ] 5. Es tiempo de reducir el número de universidades de interés a diez máximo.
- [ ] 6. Aliente a su hijo a que tome cursos universitarios cuando sea posible.
- [ ] 7. Lleve a su hijo a un par de visitas con un recorrido del campus.
- [ ] 8. Asegurese que su hijo siga participando en actividades escolares, inclusive en organizaciones fuera de la escuela.
- [ ] 9. Actualice su lista de logros, éxitos y reconocimientos. Agregue cosas como artículos de periódico y cartas de agradecimiento, etc.
- [ ] 10. Busque oportunidades y programas de enrequecimiento académicos para su hijo durante el verano.

Grado 12 (Senior):

- [ ] 1. Haga que su hijo tome los exámenes estándar (SAT, ACT) ...de nuevo si ya los tomó. Esto le facilitará en la búsqueda (y obtención) de becas.
- [ ] 2. Aségurese que su hijo siga hablando con su consejero para estar seguros de que todo está en orden para graduarse.
- [ ] 3. Dígale a su hijo que les pida cartas a sus maestros, consejeros y jefes de trabajo como referencia para admission a la universidad y para becas.
- [ ] 4. Dígale a su hijo que complete la solicitud conocida como "common college application."
- [ ] 5. Ayude a su hijo a eliminar opciones universitarias a 5, más una de emergencia por si acaso se hace necesaria esta opción. Pidan admisión a estas universidades. Permita que su hijo escoja su opción; no la suya, la de él.
- [ ] 6. Será necesario completar la solicitud de FAFSA antes del primero de octubre. Después, hay que repasar el "FAFSA Student Aid Report" cuando llegue.
- [ ] 7. Cuando sea posible, haga una visita "no oficial" a la universidad preferente de su hijo para asegurarse que se sienten a gusto en ese campus.
- [ ] 8. Ayude a su hijo a solicitar el mínimo de 75 becas diferentes.
- [ ] 9. Ayude a que su hijo no caiga en las redes del "ya casi terminé" y después deje de hacer sus deberes. Es necesario terminar bien para que su universidad no le quite su oferta. Aliente a su hijo y visiten otra vez esa tabla visual que hicieron juntos durante el grado 10.
- [ ] 10. Es buena idea mandar cartas de agradecimiento a sus maestros, consejeros y todos aquellos que hayan apoyado a su hijo realizar sus metas académicas.
- [ ] 11. DE PILON (Extra)... pídale a su hijo que lea la carta que él escribió a sí mismo cuando estaba en el grado 9 para ver si realizó todas sus metas. Después, ofrézcale la carta que usted le escribió ese mismo año.

Made in the USA
Middletown, DE
25 August 2022